恐怖心をなくせば神経症は消える

恐怖心は愛の心で克服できる

恐怖心は、憎しみを心に持っている人に起《おこ》る感情です。「愛は恐怖を克服する」とはこのことです。無限に愛している者には恐怖心は起らないのです。憎しみを心に持っている者は、敵を心に有《も》っていることになるのですから、いつ敵から逆襲《ぎゃくしゅう》せられるかも知れないと思って恐れていなければならないのです。だから憎しみを心にもっている者は、強いように見えても実は弱く、愛を心にもっている者は、弱いように見えても実は強いのです。愛は自己中心的なものではない。本当の愛は自己中心ではないのです。「愛する」と言いながら自己中心的な行為をするものは、本当は愛してはいないのです。愛は自己中心的な欲望を投げ捨《す》てるものでなければならぬのです。自己中心的欲望がないから恐怖が無いのです。何らかの自己中心的欲望があるならば、それを奪われてはならないと思って、奪う者に対して恐怖を感ずるのです。

◇

「愛」がすべての問題を解決するのは、自己中心的欲望から来る所の憎しみや、恐怖や、疑惑や、猜疑《さいぎ》など消極的な破壊的な感情が一掃《いっそう》されるからであります。神は愛であり、愛は最も建設的な心の力であります。愛を人生問題に応用するとき、すべての疑いは晴れ、争いは中止せられ、互の理解は生《うま》れ、憎み怒り等の不快な感情は一掃され、従って、また病気も自然に治《なお》るのです。疑い、争い、無理解、憎み、怒りなどのことを其《そ》のままにしておいて病気を治そうなどと思うから病気が治らないのであります。どんなに裕《ゆた》かな家庭に生活していても、またどんなに良い制度の自由社会に生活していても、疑い、争い、無理解、憎み、怒りなどの破壊的心境で縛られている以上は人間は自由になれないのです。愛があるとき到《いた》る処《ところ》に天国が実現します。

（新装新版『真理』第8巻256～257頁）

恐怖心は誰かが害を与えるという迷信

わたしは腹が立つのは恐怖心からであるということを『生長の家』に書いたと思います。恐怖心というのは、言い換《か》えれば、「誰《たれ》かがわれわれに害を与えうる」という迷信です。それを迷信であるというのは、真理を見る眼で見れば、宇宙全体と我《われ》とは一体であるから、誰もわれわれに害の与えようがないからであります。自分が迷っている時は、何かで苦しむと、害を与えられたように見えますけれども、あとから考えてみると、「あの時あの苦しみがあったればこそ今の自分がある」ということがわかってくるのであります。一番害を与えているように見えているのが、かえって一番自分に益《えき》を与えてくれているのであります。激しく苦しむほど激しくその霊魂《れいこん》は進歩します。そしてその苦しみの境地を突破しますと、今度は苦しまないでも進歩できる境涯《きょうがい》に出られるのです。「生長の家」の心の法則は「類《るい》は類《とも》を招《よ》ぶ」というのでありますが、自分に審判《さばき》の心があればまた他《ひと》から自分が審判《さば》かれるのです。自分に憎しみの心があればまた他《ひと》から憎まれるのです。自分がケチであればまた他《ひと》からケチにされるのです。こうしてなぜ周囲が自分と同じようになって現われるかというと、これが神の慈悲《じひ》であります。自分の眼の球《たま》が自分に見えないように、自分が他《ひと》を審判《さば》いたり憎んだりケチであったりしても、それが人にどんなに働きを及ぼすものであるかが自分にはわからない。そこで、自分の顔を見る時に鏡に映《うつ》して見るのと同じように、自分がどんな心の働きを周囲に及ぼしているかを知るには、周囲という鏡があって自分の心と同じような態度で自分を審判《さば》いてくれたり、憎んでくれたりすると、なるほどサバキというもの憎みというものは、人にこんな感じをさすものだと自分の身に体験ができる。自分の体験によって今まで自分は人にこんな感じをさせていたのだということが解《わか》り、これからそんな悪い心で人に接しないようにしようということになる。自分で自分の現状の悪さが解っていっそう高い神性に近づいて行《ゆ》く、これが本当の生長、本当の道徳的進歩であります。本当の生長、本当の進歩は外から強制して行なわれるものでなく、自分で自覚して自由意志で進歩してゆくのであります。この進歩向上の自由意志を目覚めさすために、自分の心と同じ形をした境遇や環境をわれわれの周囲にあらわして見せて下さるのは、神様のお慈悲《じひ》であります。だから「類《るい》は類《とも》を招《よ》ぶ」というのは法則であるとともにお慈悲なのであります。神はただの「法則」ではなく、「法則」であるとともに、「愛」であるというのはこのことでもわかると思います。

（頭註版『生命の實相』第36巻128〜130頁）

神の存在を信じれば恐怖心はなくなる

恐怖心は、すべての精神の正常な活動を麻痺《まひ》してしまう働きをもっている。恐れてはならないのである。けれども単に「恐れてはならない」と教えられるだけで、恐怖心が去るものではない。併《しか》し、全能の神が今現《げん》にましましてあなたを護《まも》っていられることが判《わか》れ

ば、貴方《あなた》は決して恐れることはないのである。恐怖心を去るには常に「われは神と偕《とも》に在《あ》り。神に護《まも》られてあり。如何《いか》なる悪も、吾《わ》れには近接《ちかづ》くことが出来ない」と瞑目《めいもく》精神統一して念ずるようにすれば、それを取去《とりさ》ることが出来る。朝目ざめた瞬間にこの言葉を念じてから起き、又、就寝の際にこの言葉を念じながら熟睡に入るならば潜在意識にある恐怖心が除かれて大変効果があるのである。

◇

西洋の諺《ことわざ》に、「何かが行《ゆ》き詰《つま》って来たら、何かを与えることを考えなさい」と云《い》うのがある。これは、釈尊《しゃくそん》の「飢饉《ききん》のときほど托鉢《たくはつ》せよ」と云う言葉に匹敵《ひってき》する警句である。凡《およ》そ物事が行詰《ゆきつま》っているのは、つかんでいて放《はな》たないところがあるからである。これは金銭をつかんでいる場合もあれば、愛を与えることなしに、自分の献《ささ》ぐべき筈《はず》の愛や労力や献身《けんしん》を与えないで差控《さしひか》えている場合もあるのである。また感謝を与えることを忘れて与えないでいることもある。では、みずから反省して見て自分は何を与えることを差控《さしひか》えておったかを反省し、いままで与えないでいたところのものを惜《お》しみなく与えることにして御覧なさい。無限の供給は滔々《とうとう》としてあなたに流れ入って来ることになるのである。

◇

権威をもつ人に面接するのを恐怖する人があるけれども、そんな恐怖心は結局、あらざるものをありとする妄想《もうぞう》から起《おこ》るに過ぎない。何故《なぜ》なら真《しん》に偉大なる人格は、愛に満ちており、決して人を排斥《はいせき》することはなく、また人を害することもないからである。あなたが何物《なにもの》かを恐れるならば、それは唯妄想《ただもうぞう》に過ぎない。何故なら人間は神の子であって、完全に自由であって、何物にも害されることなく何物にも支配されることがないのが人間の実相《じっそう》であるからである。何者《なにもの》もまた何物も、あなたの幸福を奪うことは出来ない。何処《どこ》かに傷口のある人は常に心にその傷口のみを心にとめるから治《なお》りにくいのである。欠点もその通り、その欠点を気にかけると治りにくい。

（新装新版『真理』第2巻135〜137頁）

正しい生活は公衆恐怖症も癒す

正しい生活は心を癒《い》やす、心になやみがなくなれば、病気は癒《い》える——これが最近の精神分析《サイコアナリシス》が吾等《われら》に教えた真理であるのだ。（中略）

公衆恐怖症(agoraphobia)といって公衆の前へ出るのを無暗《むやみ》に恐ろしがる病気にかかった青年があった。彼自身の見た夢によって色いろと青年の心内《しんない》の葛藤を分析した結果、彼は機会があれば、多額の金を拐帯《かいたい》(編註：持ち逃げ)してアメリカへ逐電《ちくでん》したいという考えをもっていることを暴露《ばくろ》した。彼は或《あ》る銀行の出納係《すいとうがかり》をつとめていた。彼は無意識に「これだけの金があればなア」と多額の金を取扱《とりあつか》っている最中にフト思うことがあった。その観念は道徳観念によって下《か》意識の底に押し込まれていたけれども、その盗心《ぬすみごころ》と罪悪暴露の恐怖とが結びついて彼に公衆恐怖症を惹《ひ》き起《おこ》しているのであった。

彼がステケル博士に唯《ただ》一回の精神分析を受けたとき、直《ただ》ちにこの事が暴露した、彼は正直な好《よ》い青年であった。で直《ただ》ちに金に対して恋着心《れんちゃくしん》を唆《そそ》るような職業を捨ててしまおうと決心してその銀行の出納係をやめてしまった。それきり彼の公衆恐怖症はあとかたもなく消滅したのである。正しい生活が心をいやし、正しい心が強迫観念を治《なお》してしまったのであった。

◇

精神分析医家《サイコアナリシスト》が患者を多く取扱《とりあつか》っている経験によると、患者のうちには、自己内心にかくれていて禍《わざわ》いをなしていたところの本能的欲望が暴露されてくると、彼の心がその暴露に耐えきれないで、患者自身の抵抗を増大し、その後の分析《ぶんせき》が非常に困難となる場合がかなり多くあることを見出《みいだ》すであろう。ここが精神分析医家の患者取扱《とりあつか》い上《じょう》、苦心を要する点である。最初の患者との面会に「内心の障り《インナー・コンプレックス》」（錯綜《さくそう》）をあまりはげしく暴露しすぎると、色々の口実を設けて、医者の診察室に出席するのを避けるようになりがちである。出来るだけの注意をしても、患者の医師回避《かいひ》が避けられない場合が往々《おうおう》あるものである。

神経疾患《しっかん》の患者が精神分析医家の診察室におとずれるとき、彼の心の隠れた奥底には、「どうしたって事実を暴露させるものか」という心の武装をして這入《はい》ってくるものである。これは心霊学上の憑依霊《ひょういれい》（編註：人にのりうつる霊）的疾病《しっぺい》の患者が、術者《じゅつしゃ》に憑依霊の正体を見やぶられまいと心の奥底で武装しているのと全く同じである。こんな患者は憑依霊の正体をそこに二重人格的現象として現に暴露させられながらも、これに潜在意識だとか、心理作用だとか色々の説明を下したり、術者に議論をふきかけたりした揚句《あげく》、結局その術者のところへ来《こ》なくなることが多いものである。

精神分析学上の「内心の障り《インナー・コンプレックス》」が心霊学上の憑依霊とどんな関係があるかはまだ判《わか》らないが、心霊術で憑依霊が征服されると病気がなおるのと、精神分析で内心の葛藤が解決されると病気がなおるのとはよく似ているし、どちらも正体の暴露に抵抗する点では至極《しごく》よく似ている。

ともかく神経症患者が、その神経症を表面はなおしたがっているように見えながらも、内心では貴《とうと》い秘蔵物のようにいたわり保護していることは事実である。病気は彼にとっては生活上なくてはならぬ保護色となっているのであって、この秘蔵物を奪われる危険をかぎつけると、彼はあらゆる口実を設けて医家の診察室から逃げだそうとするのである。

だから精神分析治療には患者の忍耐が非常に必要である。この医者の治療を止《や》めようという内心の駆り立てに対して、どこまでも治《なお》る迄《まで》はこの医者の治療を止《や》めないという患者自身の現在意識の確乎《かっこ》とした決心がなければ、医家の方で、この患者の抵抗をどんなに警戒しても無効に終ることがあるのである。

二、三日だけ精神分析診察室に姿を出した患者が、医家に告《つ》ぐるに、病気が非常によくなりました。先生の御治療の威力には敬服しました。知合《しりあ》いの同様の病人にもぜひすすめてみたいと思います。などと百曼陀羅《ひゃくまんだら》お礼をのべてその医者をやめてしまい、その実《じつ》は少しも病気がよくなっていないような場合も多い。

またある病人は「急に旅行せねばならぬ事情になりました」といって来《こ》なくなる。

また他の病人は「どうも自分のような神経質のものには却って精神を興奮さすような気がしまして」などといって精神分析を止《や》めてしまう。

こんな患者はみんな自身の病気を秘蔵の「生活保護色」としていたわっているのである。精神分析を行うにあたっては慎重な懐疑的《かいぎてき》態度と注意とが必要である。だから精神分析の最初の進行過程に於《お》いて、患者に軽率に「この夢は何を意味する」とか医家の判断を話してやってはならぬ。札《ふだ》は出来るだけ多く手にしていながら、何の札《ふだ》だか相手に見せぬのが、トランプ遊戯《ゆうぎ》に勝つ方法だが、最初の段階に於《お》ける精神分析過程には是非《ぜひ》必要のことである。

患者が精神分析にあらかじめ知識をもっており、この方法に非常に信頼していようとも、また患者自身が精神分析医家であろうとも、あまりに早く分析の内容を発表してはその治療は台なしになってしまう。

精神分析治療は、それに予備知識をもっている者ほどやりにくいのである。「成《な》る程《ほど》、こういうように分析してくるな」と勘付《かんづ》くとき、患者の潜在意識が精神分析の方法の裏をかいてうまうまと、暴露に対する防止手段を講じようとするからである。

だから、フロイド博士が患者に精神分析というものを理解せしめるつもりや、治療の進行に便利だと思って、患者に講義をしてはならぬといっているのは真実である。ちょっと考えれば患者に精神分析の予備知識があれば非常にやりよいようにも思われる。精神分析の本を勧めてみるとこんな患者にかぎって熱心に読む。そして精神分析の方法を覚えて、医者はこう分析して来るから、自分はこうして「内心の障り《インナー・コンプレックス》」（錯綜《さくそう》）を隠さねばならないと暴露防止の方法を潜在意識で組み立てる。こんな患者はもっとも始末におえない扱いに困難な種類に属する。

神経症の患者が真《しん》になおりたいという念願でみたされていると思うのは、まだ慣れない精神分析医家だけである。少し多く患者を扱ってみると、彼らは実はこの病気がなおったら、自分の生活の保護色がなくなるという内心の恐怖に駆り立てられていることがわかって来るであろう。

こんな患者に精神分析の予備知識をあたえるのは、敵の間諜《かんちょう》に攻撃の軍略を書いた参謀本部の秘密地図を渡しておくようなものである。攻撃は秘密なのが好《よ》いのである。何のためにこの医者はこんな質問を発するのか。こういう夢を見たことを医者はどう解釈するのか。それについて何ら予備知識のない方《ほう》が、実際、患者の内心の秘密に触れる過去の出来事を思い出させるのに便利だし、不用意に夢見たその夢の内容を隠すことなしに思い出させて告白させることが出来るのである。

精神分析医術を深く研究すればするほど、この医術が、治《なお》ることを奥底の心では喜ばない——そして表面の心では如何《いか》にも治りたいと心から望んでいる——患者と根気の好い戦いを続けていることが判ってくるであろう。そもそもこの種の神経症は、病気という武器を自分の身体《からだ》に纏《まと》って——随分自分の肉体にも痛い武器だが——この武器によって周囲の人々を征服して、自分が暴君的勝利感を味うのが大抵その目的であるから、その武器を奪おうとする精神分析医家を訪れて来る時には、そもそも最初から敵将の前へ出るような思いがするのである。今や彼にとっては自分の苦痛や病気は第二段で、彼の眼中にはただ敵将として医者あるを見るのみである。この際精神分析医家は全世界の代表《シンボル》として患者の前へ立っているのである。この医者の分析の方略の裏をかいて自分の内心の、錯綜《コンプレックス》を好い具合に胡魔化《ごまか》してしまえば、患者は依然として全世界を征服する暴君として、周囲をネロ皇帝ように苦しめることが出来るのである。

（新編『生命の實相』第11巻135～143頁）

神経症の人は「病気の鎧《よろい》」を外せば癒える

神経症患者の多くの場合に於《お》いては、医者の精神分析の戦略を無効におわらして、いつまでも医者とドウドウ廻《めぐ》りをしたあげくに治らずに医者を見棄《みす》てて来て「おれの病気は誰《たれ》もなおすものがないぞ」と内心に凱歌《がいか》を奏《そう》している患者が多いのである。

大抵の神経症患者の特徴とすべきはこの「勝利の欲望」である。この「勝利の欲望」をもう一つ深く分析すると、「崇拝《すうはい》されたい」ということであり、「崇拝されたい」ということを、もう一つ分析すると「愛されたい」ということになる。

彼は医者から愛されたい。医者から重く見られたい。軽視されたくはないのである。だから神経症患者は自分の病気を軽く見られることを嫌うのである。不慣れな精神分析医家が、患者をよろこばそうとして「あなたの病気はそんなに重くありません。直《す》ぐ快《よ》くなりますよ」などといって失敗することがあるのはこのためである。

神経的に現れる慢性病患者は、それが胃病でも、心臓病でも神経痛でも、乃至如何《ないしいか》なる病気でも、自分の病気を世界に又とない複雑精巧な傑作であると思っていたいのである。誰《たれ》も自分の病気をなおすことが出来ない——自分の病気は誰《たれ》よりも偉いぞ——こう思うだけで彼は自分が誰《たれ》よりも偉い気がするのである。色いろの治療を取替《とりか》え引替《ひきか》えやってみたけれども治《なお》らなかったといって自慢そうに話している病人にはよくこんなのがあるのである。彼は非常に自尊心が強いのである。しかし、裸では実力がその自尊心に伴《ともな》わないので、病気の鎧《よろい》を着て周囲を、家人《かじん》を、医者を征服し、至る処に凱歌《がいか》を挙《あ》げようとするのである。しかし彼が『生長の家』を読む。最初は彼の迷いが『生長の家』の語る真理を反発し、抵抗し、ついに『生長の家』を捨てて読むまいとする。彼の抵抗は内から企《たくら》んで却《かえ》って病気を増悪《ぞうあく》して『生長の家』を捨てさせようとする。しかし彼が強《し》いて『生長の家』を読めば、彼の生命はついに真理を自覚する。自分の本質は「神の子」であって、外から病気の鎧《よろい》を装《よそお》わないでもそのままで勝利者であることを自覚する。この時、彼は「病気の鎧」を装う必要がなくなって脱《ぬ》いで捨てる。この時忽然《こつねん》彼の病気は癒《い》えるのである。

ステケル博士が精神分析治療で治した神経症慢性病患者にこんなのがある。それは一人の金持であったが、消化不良や、対談嫌いや、執務不能のほかに公衆恐怖症といって、多《おお》勢《ぜい》の前に出ることを非常に恐ろしがる病気をもっていた。博士の精神分析によって次第にその消化不良も治り、その対談嫌いも緩和《かんわ》し、執務も出来るようになった。しかし公衆恐怖症は実に頑固《がんこ》で博士がいろいろ工夫《くふう》してもなかなか治りにくかった。そのときこの患者は突然ステケル博士のところへ通うのをやめてしまって、前にかかっていた医者のところへ通い出した。A医者は、この種の病気に適度の眼鏡《めがね》をかけさせて好結果を収《おさ》めているドイツの眼科医を患者に紹介した。患者は公衆恐怖症があるので、一人では出掛けたがらないので、医者は患者をつれて一緒にドイツ行《ゆき》の汽車にのったのである。その汽車のなかでこの患者が何といったかというと、「ステケル博士が私の病気を根治《こんじ》させ得なかったので、私は勝ったような気がします。どんな名医よりも私のほうがえらい気がするんです」といったのである。

さてA医者が紹介した眼科医のつくった眼鏡《めがね》をかけると二、三日は非常に病気が軽快した。しかし、またしばらくすると逆もどりした。患者はこの自身の最も親しく信頼しているA医者にすら勝利を得させることを好《この》まなかったのである。次に彼は何をしたか。彼は或《あ》るマッサージの施術者《しじゅつしゃ》へ通いはじめた、そして唯《ただ》三回のマッサージでけろりと公衆恐怖症は全快してどんな人混《ひとご》雑《み》の中でも平気で這入《はい》って行《ゆ》くことが出来るようになった。彼は自身の病気をあらゆる名医の治療にもまさる傑作であることに優越感を満足さし、簡単なマッサージで治《なお》ることによって今までかかったあらゆる名医を辱《はず》かしめることに成功したのであった。

この実例でもわかるように神経症の患者は自己の病気を出来るだけいたわって、その病気の味方として医者に対抗し、治らないということによって、医者に対する勝利感を味《あじわ》おうとするものであるから、諸方《しょほう》の医者へグルグル廻《まわ》りあるいて来てなかなか治らなかった患者を、ほかの治療家が短時日《たんじじつ》で治したからといって、その治療家が自己だけの療法で効《きき》目《め》があったといって誇大に吹聴《ふいちょう》するのは間違いの場合があるのである。

患者の「隠れている心」は自分が病気をつくりたいと思えばいつでもつくることが出来るのである。

これも公衆恐怖症にかかっている或《あ》る婦人の話である。半年ばかりステケル博士の精神分析治療を受けた結果、その公衆を恐れる病気がよくなって郷里へ帰っても好《よ》いというほどになった。彼女は恐怖も心配もなくてかなり遠いところへ行くことが出来るようになった。三年間公衆が恐ろしくどこへも出られなかった彼女も、もうほとんど何の恐怖もなしに町をあるくことが出来るようになったので、もう二、三日後には帰国することにきめていると、町を歩いているときに彼女は非常な恐怖心におそわれた。たまらないほどに公衆に対する恐怖が起《おこ》って来たので彼女は非常に失望して、こんなことではとても帰国は出来ないといってステケル博士のところへ来て訴えたのであった。そのとき患者の見た夢は次のようであった。「わたしはわたしの穿《は》いていた古靴を伯母《おば》にやりました。わたしは裸で跣足《はだし》で立っていました。その時わたしは夢のなかでどうしてわたしは町へなど行くことが出来ようと考えました。わたしは靴をはかずに町へ行くことが恐ろしくてなりませんでした。」

この夢のなかで見た伯母《おば》というのはもう死んでから随分《ずいぶん》たつのである。彼女は生きていたときは貧しくて、この患者から小さな贈物を——おそらく一足の古靴に値《あた》いする程のものを——恵まれていたのであった。

それはそれとして、この患者は近頃跣足《はだし》であるくのが大好きになっていた。最近しばしばはだしのままで外出しようとして、ビックリして足をみつめるようなこともあった。これは、明かに足部崇物症《そくぶそうぶつしょう》(foot-fetishism)の徴候《ちょうこう》をあらわしているのであって、旅行、外出その他移動についての神経的さわりをもっている患者によく見られるものであった。

さてこの公衆恐怖症の婦人が見た夢を一層詳《くわ》しく説明しよう。

彼女が夢の中で死んだ伯母に与えた古靴はきわめて型《かた》の大きなものであったが、なおそれは彼女の足に窮屈《きゅうくつ》であった。夢の中でその靴を穿《は》くたびに足の蹠《つちふまず》がチクチク刺されるように痛い感じがしたと彼女は博士にその夢を物語ったのであった。その古靴は彼女の神経症の象徴《シンボル》であって、彼女はその神経症を死んだ伯母に贈物とする——即《すなわ》ち譲《ゆず》りわたそうとする——死者と共に葬《ほうむ》り去ろうとする。そしてこの古靴(神経症)なしに新生活に入ろうと試みていることをあらわしているのである。しかし、彼女は三十年間この古靴(神経症)をはいて生活して来たのであった。この古靴(神経症)は彼女に苦痛を感ぜしめたが、跣足《はだし》であるく危険(仮面なしに生活する上の危険)を避ける仮面であり、防禦壁《ぼうぎょへき》であったのである。

ところが、いま彼女は神経症という生活上の仮面を脱《ぬ》いで、裸身《はだか》で人生の旅路《たびじ》を道中しなければならないのである。彼女はそれを恐れていた、彼女は古い靴をぬいで捨てたのちには新しい靴――今度は足の裏を圧迫しない低い靴底《ステケル》(stokel)が必要なのであった。〝stokel〟というのはステケル博士の名前に掛けた地口《じぐち》であって、彼女は古靴(古い神経症)を脱いで裸足《はだし》で人生を歩くのは恐ろしい。ステケル博士の保護、助言、暗示等新しい靴底が必要であるということをあらわしているのであった。それからまたこの夢は自由の欲望をあらわしているのであって、結局はこの古靴は死者と共に葬《ほうむ》らるべきものである。

やがて彼女の病気について患者の心のうちに「隠れん坊」の遊戯《ゆうぎ》がはじまったのである。彼女はよくなろうと欲したが、よくなることを恐れていたのだ。もし彼女の全感情生活が、この「よくなることは恐ろしい」という反動感情によって、一層強くうごかされるならば、彼女の神経症状は結局治《なお》らないのである。彼女の症状は、新しい靴底《ステケル》(愛の転位、ステケル博士の保護を象徴す)をはなれることを恐れるという新しい恐怖で一層複雑になっているのである。もしこの恐怖を医者がいつまでも肯定して、医者のところへいつまでも通わせておくならば、いつまでたっても彼女の神経症状は治《なお》らなかったであろう。かかる場合には精神分析医家たるものは、患者の神経症の主流が暴露された以上は、もうそれ以上に、いつまでも患者を医家に通わせて精神分析をつづける必要はないのである。医家は断固として精神分析を停止し、患者に精神分析の必要のないこと、このままでほっておいても治ることを宣告しなければならぬのである。医家は随分不利な立場に立つ。患者は不満足に思ってその医家と別れるであろう。そしてそのままほっておくか恐らく他愛《たあい》もないほかの療法を二、三試みていると、既にさきの精神分析によって、神経症の根源が破壊されているから、自然いつのまにか病気が治って、公衆の中を少しも恐怖せずに歩くことが出来るようになるのである。

さてこの婦人も、ステケル博士の断乎《だんこ》たる決意によって精神分析治療を四週間継続したままで中止してしまった。その後、ステケル博士はこの婦人と競馬場で出会った。彼女はその群衆の中で以前には是非《ぜひ》とも必要であったところの付添人《つきそいにん》もなしに平気で歩いていた。彼女は博士に礼をのべて、精神分析療法を中止してからほかに何の治療法も試みはしなかったが、そのうち次第に公衆恐怖症がなくなったということを告白した。

この患者に於《お》けるが如《ごと》く、神経症患者は自分の神経症を、生活上の保護物としてつくっているのであって、その保護物が破壊されて来るにつれて、医者をもって、その保護物の代用物としようとするようになるのである。そこで患者は第一、神経症という仮面がなくとも人間はひとり立ちで生活するにたえるものであること、第二、この仮面の代用物として医者すらもまた不必要であることを学ばねばならぬのである。このことは自信力が乏《とぼ》しく、それがために神経症となっている患者には却々《なかなか》むつかしいことではあるが、人間は神の子であるから何の仮面を被《こうむ》らないでもその生活は尊いものであり、またその生活に耐えるものであるという真理を自覚せしめることが精神分析医家のつとめでなくてはならないのである。

（新編『生命の實相』第11巻144～154頁）

公衆恐怖症は神経症ではない

公衆恐怖症というものを解剖《かいぼう》してみると、その根元は死後天国にあげられたいという宗教的感情がもとになっている場合が往々《おうおう》あるのである。前述《ぜんじゅつ》せる婦人についてステケル博士の研究せるところに従えば彼女の神経症全体は、彼女が天国に於ける永遠の祝福を受けんがために、現世的な誘惑を拒絶せんがために潜在意識がつくり上げたものであって、公衆恐怖症という病気さえもっておれば、一人で公衆のなかに出ることが出来ない為にどんな誘惑にもかかる恐れがないからである。無論、自己の性格が強くして、単独で公衆の中へ出ても何ら誘惑にかからないという自信があれば、潜在意識がこんな病気を製造する必要はないのである。しかしこの種の患者は本能的に、自己が誘惑に対する抵抗力が少くて狭い真直《まっすぐ》な徳行《とくこう》の道を正しく歩むことが出来ないことを恐怖しているのである。そこで現世の誘惑に身をまかせる方が好いか、未来世《みらいせ》の永遠の幸福生活の方が好いかということになって、公衆恐怖症をば、誘惑防止の垣《かき》として自分の周囲にめぐらすことになったのである。前述せる婦人の如《ごと》きにとっては、公衆恐怖症は、行者《ぎょうじゃ》が人里《ひとざと》はなれた山中に坐禅《ざぜん》修行をするがためにこしらえた草庵《そうあん》のようなものであった。彼女がステケル博士に精神分析を中止するように命ぜられた頃に見た夢のうちにはこんなのがある。――「今日は外出しようと思うと非常に嬉《うれ》しいような気がした。しかし、私は毛糸のジャケツをさがしたが、見あたらなかった。それでわたしはやはり家にいることにした。風邪《かぜ》をひくと悪いと思ったからである」と。

この「毛糸のジャケツ」こそ、取りも直さず彼女の保護者たる神経症のシンボルだったのである。毛糸のジャケツなしに外出すれば風邪《かぜ》をひく――即《すなわ》ち誘惑の風にさらされ、信仰の火が冷《さ》めることが恐ろしかったのである。彼女はこんな夢を語りながら、もう少し、ステケル博士の精神分析を受けたいと切願《せつがん》したのだった。

ステケル博士はその時争《あらそ》うような挑戦的な語調でいったということである。「わたしはもうこの精神分析を中止しようと決心したんです。一旦《いったん》きめた以上は変えることは出来ません。」

婦人も幾分興奮して言った。「わたしと同じような病気で、もっともっと長い間先生の御治療をいただいた人がたくさんあるじゃありませんか。」

「そんな人もあります」と博士はわざと一層鋭い語調でいった。――「そんな場合はみんな患者の心掛けが前途有望だったのです。あなたのようなのとはちがいます。大抵の患者は最初二、三週間もすると附添人《つきそいにん》なしに来ます。あなたがもし附添人なしに来られるようだったら、もっと恢復《かいふく》の希望も多分にあるし、この治療を継続しようということも考慮《こうりょ》に入れます。あなたの公衆恐怖症は神経症じゃありません。ただその兆候《ちょうこう》を呈《てい》しているというに過ぎない！」

それから三日するとこの婦人は附添人なしでステケル博士のところへ来られるようになった。それ以来、彼女は公衆恐怖症がうすらいで、町の中を何の恐怖もなしに歩くことが出来るようになったのである。

この時、博士はきわめて短い期日を切って、この精神分析治療を終ることを申し渡した。婦人は躊躇《ちゅうちょ》した。それはそのはずであったということがあとでわかった。彼女はまた一つの欲望をもっていた。それは彼女の心の底に医者に打ち勝ちたい欲望が芽《め》ぐんでいたからである。彼女はこんな夢を見たといって語った――「わたしは下女を叱《しか》り付けていました。下女が台所の掃除を半分したままでほっておくじゃありませんか。台所の半分はゴミだらけなんです。」

この夢を分析してみると、「台所」というのは彼女のたましいの象徴である。ゴミは彼女の神経症、そして下女はステケル博士のことで、博士が彼女の心の掃除を半分したままでほっておいたので叱りつけるということをあらわしているのである。

ステケル博士はこのようにしてこの婦人の公衆恐怖症を全然征服したのち、この治験例を或《あ》る医者仲間の集会で公表することにした。当日はその婦人にもその席に出席してもらうように約束してあったのである。ところがその当日が来ると、その婦人は新たに公衆恐怖症に襲《おそ》われたので出席しなかったのである。表面の心でその婦人はステケル博士に感謝もしていたし、その報恩《ほうおん》のために博士のこの治病《ちびょう》成績に裏書きを与えることは義務だと思っていたのであるが、隠れている心の方では医者に打ち勝ちたい欲望があったことは、前回に述べたるこの婦人の夢でもわかるのである。さてこそ彼女はステケル博士を下女に見たてて、室《しつ》(自分の心)を半分しか掃除してくれない事について叱りつけている夢を見たのであった。この医者に打ち勝ちたい欲望が博士の勝利を公表すべき日に、博士の治療が不成績であったということを示すために公衆恐怖症を再発させてみせたのだった。その証拠には翌日になるとこの婦人の公衆恐怖症がケロリと治《なお》って、彼女は何の恐れもなく自分ひとりで街頭を自由にあるくことが出来たのであった。分析してみると、彼女の隠れている心は、勝手気儘《きまま》な恐怖症を起《おこ》したり引っ込めたりしては、彼女の周囲の人々や彼女の家族の人々を征服し支配し奴隷《どれい》にしていたのであって、しまいにはステケル博士をさえ自分の夢に見た下女の如く自分の気に入るまで自分の心を掃除をさせておきたがっているのであった。しかしそれはステケル博士の賢明な断乎《だんこ》とした治療中止の宣言によって成功しなかった。彼女は、あとで告白したところによると、長い間ステケル博士の治療を受けても治らないで自分の病気が、稀《まれ》なる珍らしい病気だとして斯界《しかい》に発表される時のことを想像すると、そぞろに大満足の感じがしていたのであった。博士が治療中止を宣告したときから彼女自身のこころのうちに「お前の病気は珍しい病気でも何でもない、お前は普通の健康体ではないか」という考えが浮ぶようになった。そして治験例発表の当日に公衆恐怖が再発したほか、あとかたもなく彼女の病気は治《なお》ってしまったのであった。

それからのち、この婦人は多数の感謝状をステケル博士に寄越《よこ》した。彼女はロシアに帰ると、自分を治療しても治し得なかった医者全部の宅を戸別《こべつ》訪問して自分が治ったということを見せびらかして歩いたのであった。

彼女の次の手紙にはウィーンのステケル博士をもう一度訪ねて、念のため回復後の治療をも受けたいことや色いろ博士に話して相談したいこともあるというようなことが書いてあるのだった。博士は来るに及ばぬという返事を書いた。そして「あなたの神経症の幾分の痕跡《こんせき》はあなた自身の努力で治るものです」と書いて、「リガからウィーンまでの旅程は随分《ずいぶん》長いですからな」と指摘した。

しかし、或《あ》る日彼女は突然博士の診察室へ姿をあらわしたのである。彼女は博士にあれからのち彼女はペトログラードの有名な医者をたずねて、自分の神秘的な治癒《ちゆ》のことについて吹聴《ふいちょう》して来た時のことを話し出した。——この医者はこの患者に独自の精神療法を試みて失敗した人であった。この医者はしばらく彼女の顔を見詰《みつ》めていたが、「そのステケル博士という人はとても上手《うま》い人なんだ」といったのである。彼女はその言葉をきくとちょっと話をやめて考えた。それから「あなたはステケル博士をご存知なんですか」と訊《き》いてから言葉をつづけた。「私は頭の中に小鳥が住んでいてうるさくてしかたがないという患者の話を読んだことがあります。それで、患者に麻酔を施《ほどこ》して施術《しじゅつ》するふうを装《よそお》い、頭を解剖《かいぼう》したらこんな小鳥が出たといって、あらかじめ用意しておいた小鳥を出して見せたんですね。するとその患者は治ったということです。あなたのは新しい治療法だったので治らなかったのでしょう。しかしあなたが暗示《あんじ》で、私にもう治ったと信じさせて下さったら治ったでしょう。」

こんなことをペトログラードの医者に向って、いってやったということを、彼女は鼻《はな》高々《たかだか》とステケル博士に話し出すのであった。博士は驚いて彼女の顔を見詰めずにはいられなかった。――

「これが果《はた》して三十年間も公衆恐怖症に悩んで来た婦人であろうか、その婦人が今眼《め》の前にいる。彼女は本当は治っているのだ。それに何故《なぜ》彼女はここへ来たのだろう。それは古い公衆恐怖症を再発させてもう一度自分の鼻をあかさせるつもりではないか！　そして自分に対して勝利を叫《さけ》びたいためではないか！」こう博士はその時思ったのであった。で、ステケルは訊《き》いた――

「もう御自分だけで自由に外出が出来るのでしょう。」

「ええ出来ますわ。」

「恐怖の念に襲《おそ》われることはありませんか？」

「ありません。」

「では、その上、あなたは何の用事があるんです。あなたは御自分で何の恐怖の念にも襲われずに外出し得たならそれを喜んでいられれば好《よ》いのです。どんな状態になっているか私に見せに来る必要はないじゃありませんか。」

ステケル博士は容赦《ようしゃ》なく明瞭《めいりょう》に彼女がはるばるウィーンまでロシアからやって来たのは、もう一度彼女が公衆恐怖症にすべり込んで、あまりに返事を簡単に事務的に書いた博士を打ち懲《こ》らそうとする内心の要求で来たものであるということを暴露《ばくろ》して説明してやった。

この説明に彼女はすっかり満足した。そして数日のうちに全然公衆恐怖症の痕跡《こんせき》までもなくなって帰国したのであった。

この実例は、精神分析治療の進んで行くべき道、その臨機応変《りんきおうへん》にとるべき方法、その治《ち》病力《びょうりょく》のどこより来るかについての好材料を提供してくれるものである。

では、この婦人の公衆恐怖症が癒《い》やされたあとを、もう一度たどってみよう。彼女は最初自身が神によって選ばれた特に聖別《せいべつ》された人間であるということを信じていた。それは実に他《た》に打ち勝って他を見おろしたい欲望の転化であった。この神聖な自身を外界《がいかい》の誘惑によって汚《けが》してはならない。そのためには自身をひとりで外出させないように公衆恐怖症をこしらえ上《あ》げる必要があった。そのため潜在意識が罪の防禦壁《ぼうぎょへき》としてこの公衆恐怖症を造っていたのである。実に彼女の病気が治《なお》り始めたのは自分が特に聖別された人間であるという考えを捨てて「普通の人間」になろうと決心したときに於《おい》てである。即《すなわ》ち周囲を見《み》下《おろ》そうとする驕慢《きょうまん》の王座を捨てて、常人《じょうじん》の間に下《くだ》ろうと決心が出来たときである。何故《なぜ》彼女が驕慢の王座を下《お》りて「普通の人間」になろうと決心することによって病気が治るかというと、人間が尊いのは、そんな驕慢の王座にいることによって貴《とうと》いのではないということが解《わか》って来たからである。「生命」は「神の子」であるから、外界から誘惑されても常人同様の生活を送ってもそんなことで決して汚《けが》されることがないということが解ったからである。だからこういう場合は、患者の「生命の実相」は何か特殊な生活をしなければ貴《とうと》くなれないというようなものではなく、常人生活そのままで「生命」は限りなく尊《とうと》く価値あるという真理を自覚させ患者自身をして「普通の人間」になろうと決心せしめたならば精神分析医家の仕事は終ったも同然なのである。そのためには、患者が実は医者の治療に対して治《なお》るまいとして抵抗している事実を精神内容の分析によって暴露すること、何のために彼が治ることを欲しないのかその奥底の夢を暴露して彼を納得せしめるにあるのである。即《すなわ》ち患者をして「このままで実在は調和している。あなたの生命は色々の艶付《つやつけ》をしないでも貴《とうと》い、普通人のままで生命は貴《とうと》いのだ」という最後の確信に到着せしむることによって自分だけが神に聖別《せいべつ》されているという夢を捨てさし、普通人として普通の生活をしようと決心せしめるにあるのである。誤《あやま》れる理想主義は一種の虚栄である。この虚栄の感情は、人を自己欺瞞《ぎまん》に導いて行き、本当に真実なもの人間的なものを軽蔑《けいべつ》し見下《みおろ》すようにならせる。ここにこの種の患者の心の底を暴露すべき心理的鍵《かぎ》があるのである。

（新編『生命の實相』第11巻155～167頁）

秘密性の強い人に対人恐怖症は起こる

村井——私は某銀行の支店長をしていますが若い時分《じぶん》から現在に至るまで左記の性癖《せいへき》があって常に私の心を暗くさせます。即《すなわ》ち、衆人《しゅうじん》の前で私の意見を述べようとしますと、落《おち》着《つ》きを失い、動悸《どうき》が強く打ち、声すら充分出ぬようになり折角《せっかく》の意見も述べずに終るか、又は充分に発表出来ず仕舞《じまい》になります。それから、人の前で字を書く場合でも同様で、手がふるえてかたくなって充分の力が出ませぬ。このためどれだけ私が苦しんでいるか知れませぬ。つきましては、これを矯正《きょうせい》して落著《おちつき》のある性格を得ようとするには、如何《いか》に祈り、如何に修養したらよいでしょうか御指導をお願い致します。いつも三、四月頃には風邪《かぜ》を引いて患《わずら》い勝ちの私が今年は一日も病に犯《おか》されず、勤めさせて頂く事は全く「生長の家」のお教えによる事と存じます。光明《こうみょう》叢書《そうしょ》の一冊は常に私のポケットに入れているのであります。

谷口――対人恐怖が起《おこ》るのは、大抵秘密性の強い人でありまして、他人が自分の欠点を見《み》透《とお》しはしないかと思うから起るのです。自分の欠点を見透《みす》かされるのが恐ろしいのは、自分を自分の価値以上に見られたいという念《こころ》があるから起るのです。言い換えると人に打勝《うちか》ちたい慾望《よくぼう》です。百点に見られたい、八十点に見られたらそれこそ大変だ。自分の欠点はこんなのである、これを知られたら世間に顔向け出来なくなる。こう思うものですから、人に対すると自然に欠点を蔽《おお》い隠そうとして、戸惑って、ドギマギしてしまうのであります。八十点しかない値打《ねうち》なら八十点に見られて好《よ》い、六十点なら六十点に見られても好い、常に正札で掛引《かけひき》ない値段で見て欲しいというような気持になって、欠点があるならば欠点を隠そうとしない気持で、欠点をわざと出して見せよう、正札を出して皆に見てもらおう、そのために嘲笑《あざわら》われてもそれは、嘲笑《あざわら》われるだけの値打《ねうち》だけしか自分には持ち合せがないのである。人前で字を書いて手が顫《ふる》えるならその顫《ふる》える実際を正直に見てもらおう。人前で物をいって言葉が下手《へた》ならその下手の実際を見てもらおう。自分にはそれだけの価値しかないのであるから、せめて、人前で掛引《かけひき》してよく見てもらうよりも、本物を見てもらうように、出来るだけ欠点を晒《さら》け出して人に見てもらおうという心になりますと、却《かえ》ってその欠点が出なくなるのであります。欠点を出すまい出すまいと恐れるから恐れるもの皆来《きた》るで、却って欠点が出て来《く》るのであります。これは別の話でありますが、毎夜睡眠中遺精《いせい》をする習慣のある人がある、遺精をしたら身体《からだ》の栄養分が無駄に排泄《はいせつ》されて身体が衰弱すると思うものですから、「何とかして遺精をやめねばならない」と遺精のことを気にかければかけるだけ、遺精を益々やるのであります。これは遺精に心が引っかかっているからであります。この人が或《あ》る日、或る心理学に達している医者にかかるとその医者がいうのに、それは「遺精は恐ろしい、遺精をしまいしまい」と思って寝るから遺精をするのだ、遺精なんて恐ろしいものではない。「今日から一つ遺精を出来るだけやってやろう」と眠りしなに思って寝て御覧、もう遺精はしないから——とこういわれましたのです。その患者は眠りしなにその通り実行しましたら、その夜から遺精しなくなりました。また対人恐怖が起《おこ》るのは誰《たれ》かと和解していないからです。特に父母に和解していない場合に起ることが多いのであります。幼時において父母から叱《しか》られたときの印象などから過《あやま》って父母を潜在意識が憎んでいる——敵を外部にありと見ている。その父母の象徴として「すべての人」を見て、すべての人を敵と見るのであります。敵を心に抱くものは、その自分の心の反映としてすべての人を恐れるのであります。かかる人は神想観中《しんそうかんちゅう》「お父さま、お母さま、ありがとうございます」と繰返《くりかえ》し念じて父母に感謝し、その感謝の念が徹底したら対人恐怖は癒《い》やされるのであります。これと同じ原因で吃音《きつおん》も起りますから、同一の方法で吃音も治《なお》るのであります。父母のほかに誰《たれ》かを自分が憎んでおれば、神想観中にその人の名をとなえて許すことも必要であります。

（新編『生命の實相』第30巻208～212頁）

対人恐怖症・躁鬱《そううつ》症は人への恨みからくる

問——奥田一郎

私《わたくし》は久しい間執著性《しゅうじゃくせい》素質神経質（対人恐怖症）及び躁鬱《そううつ》症のため苦しんで居《い》るものでございます。

私は幼時は羸弱《るいじゃく》で百日風邪《かぜ》、肺炎の為随分《ずいぶん》苦しみました。小学入学以来丈夫《じょうぶ》に成《な》り、明朗で快活と成りました。運動も好きになり特に水泳が上手でよく河童《かっぱ》と言われました。この為に中耳炎《ちゅうじえん》になった事なども生々《なまなま》しい記憶であります。

私の家《うち》はかなり山奥で、日に多くて三、四回しか自動車の音を聞けない辺鄙《へんぴ》な場所であります。ここで深い父母の愛に浸《ひた》り乍《なが》ら、新鮮な空気を充分吸って、小学校六年生頃まで何事もなく真直《まっす》ぐにすくすくと成長しました。

ここから約五里ほど離れた処《ところ》に人口四万余のA市があります。A市に叔父《おじ》の家《うち》があり此《こ》家《こ》へ母に連れられて行《ゆ》くのが一番楽しみでした。小学校卒業当時父に「一人で行けるか、行《い》って来い」と言われ、内気《うちき》の私も昔楽しかった事を思い浮べ、狂喜《きょうき》して早速叔父の家《うち》へ遊びに参りました。

遊びに来て心に感じた事は礼儀正しいこと、信仰家であるということでありました。朝起きると目上の人に「お早うございます」食事の時は合掌して御飯を頂くということは、田舎で我儘《わがまま》に育った私は恥《はず》かしくて出来ませんでした。叔父は無理に、仏《ほとけ》の前にすわらせて食事をさせました。食事が終ってからは、楽しい事はうち忘れ、明日こんなことをさせられるのかと思うと心がぞっとして、早速家《いえ》に帰ってほっとしました。この時は強く家《うち》はよいものということが脳裏に刻みこまれました。それからは他の親戚にさえも行くのが嫌になりました。

それからA市の叔父の家《うち》を嫌う様になり用事は庭に立って済ませ、すぐ五里の道を帰って来ました。齢《とし》もとり、中等学校二年生頃になると叔父は私が変な遊《あそび》をするのではないかと心配致し私が用事で参ると無理に上げて、遊びたい盛りで学校の先生の修身の話さえ嫌になるのに一―二時間程説教し、最後に言う言葉は、いつも定《きま》って「お前の様な人間は世《よ》渡《わた》り出来ないぜ。その変人が直らぬ内《うち》は……」と言うのでした。それからと云《い》うものは親戚の叔父は皆恐くなり話さえ碌《ろく》に出来ませんでした。父は反対に可愛がってくれ、私の言う事は皆諾《き》いてくれるありさまでしたが、中学三年頃は何時《いつ》の間にか遠ざかってまともに話することさえ出来ませんでした。学校の必要品はいつも母から買って頂く有様でした。父から話かけられても、ぶるぶるとふるえていました。父に軽く注意されて、二十日ぐらい喋《しゃべ》りませんでした。(今になって見ると、父の首に捉《つかま》って喜んで居《い》た自分がどうしてこんなに変《かわ》ったか全く不思議です。併《しか》しその当時父をおそれて話さえ出来なかった事は明《あきら》かです）この頃から運動から遠ざかり、音楽に心を向けて来ました。音楽は私の心を充分なぐさめてくれました。凝性《こりしょう》の私は全く音楽に魅《み》せられ暑中休暇になっても一室に閉籠《とじこも》ってマンドリンの練習に猛進しました。今迄の河童《かっぱ》は全く水を覗《のぞ》こうとせぬので、母は心配の余り父に注意したようですが、私の好きなようにしておくがよいと言ってききませんでした。私は毎日毎日快速のメロディーを奏《かな》で微笑《ほほえ》んだり、センチメンタルな曲を奏《かな》でて悲しい気持になったりするその間に充分に私の神経質、内気《うちき》、変人、凝り性を増長させたのではないかと今つくづく思われます。この頃は甘いものが極度に好きになり、運動とは全く没交渉になるという訳で、医者のお世話になることはしばしばでした。医薬に接近するに随《したが》って神経質になり、四年生になった当時は全く無口で、人に会っても笑顔一つ見せなかったと回想されます。

A市の叔父は益々私を「あんな変人はない、あんな人相のよくない人間はない」と私を常人扱《あつかい》にしてくれませんでした。併《しか》し父や附近の人は私を無口だが従順で大変よい子だ、身体《からだ》さえ丈夫であればと云うありさまです。と云うのも近所に五年生で快活で愛嬌《あいきょう》のよい人間がありましたが、カフェーや映画の方面に出入りして大変銭遣《ぜにつかい》が荒いのでした。そのためその人と比較されてかえって私が賞《ほ》められたのかも知れません。

学校の成績は小学時代は大変よい方《ほう》でしたが、中学校に入ってから急に下《さが》りました。四年頃まで中半《ちゅうはん》で各科目も平均した成績でしたが、四年生頃から執著性《しゅうじゃくせい》と云いますか、自分の気に入った科目にばかり力を入れるようになりました。数学はどの角度から見ても大事であるということが頭に閃《ひらめ》きました。その理由は、

一、各学年を平均して数学が一番悪いと先生が話されたこと。

二、出世している人は皆、数学が満点であるということが立志伝《りっしでん》で分ったからでした。

それからというものはもともと偏執症《へんしゅうしょう》である私は数学をわき目もふらず勉強しました。併《しか》し数学勉強中も空想ばかり描いて充分出来なかった事を覚えています。いくら遊ぶ余裕はあっても、他の科目を復習する気は毫《ごう》もありませんでした。ある時世界で有名な人の立志伝を読んだところ数学だけ満点で他の科目はゼロであったというのを見て愉快《ゆかい》で愉快でなりませんでした。努力の効果報《むく》いられて数学は満点、先生は全く驚き、S君、君は全く頭がよいのだ、今まで眠れる獅子《しし》であったのだ、今後大いに勉強して他の科目も一所《いっしょ》懸命《けんめい》にやりなさいと言われましたが、全く見むきもしませんでした。ある本で見た博学の低能という言葉が頭にこびりついていて、一般に出来るものは尊敬する気になれませんで

した。偏執性は学科ばかりではありません。食物、友達の間にも著《いちじる》しくこの考《かんがえ》が行なわれました。

この反対に嫌うものはどこまでも嫌うありさま、女中でも嫌えば出て行くまで憎みぬきます。卒業の時上級学校へ上げて頂く様に父に歎願《たんがん》致しましたが、この時だけは父は反対しました。この勉強したい考《かんがえ》が今でも頭に浮んで私を苦しめます。卒業と共に父は逝《ゆ》きました。今迄まともに話したことなく気遣《きづか》っていた私は泣きくずれました。

此《これ》と同時に私は床に就きました。そうして、一、勉強出来なかったこと、二、父に逝《ゆ》かれたこと、三、いつのまにか附近の人が私を軽いヒステリーだと言っていると云《い》うことが気にかかって日頃から胃腸の悪い私は段々悪化し半年目に全く骨と皮になって了《しま》いました。医者から、遂《つい》に入院の宣告を受けました。口より血塊《けっかい》の様なものを吐《は》きました。胃潰《いかい》瘍《よう》になってのです。

入院すること一ヵ年、この間私は明朗な人間と言われました。看護婦に、無口であった私が何《な》んでもペラペラ喋《しゃべ》りました。神経質は吹飛《ふき》びました。見舞に来て下さる知らぬ人には、何《な》んでもペラペラと喋るのでした。

今までの神経質が治《なお》ったらしいと思っていました。退院するとやっぱり神経質で、人々も私をヒステリーと言っているだろうと、村の人々と顔を合わすのがいやでいやでなりません。叔父に会うと全く喋《しゃべ》れません。そして真赧《まっか》な顔をします。今では世の中で一番劣等と思われ毎日苛々《いらいら》して母と口論するあり様です。病気になってから今では三ヵ年目ですが一向快方に向わず病 褥《びょうじょく》に呻吟《しんぎん》しています。母は「お前は信仰して明朗になるまで病は治らぬ」と申しています。今まで修養雑誌など、一向耳に入らず学問したいという観念と人の言葉が気になっていましたが、一月号から『白鳩《しろはと》』誌を愛読致しましてから今迄の事が反省されて恥《はず》かしく思う事も時折ありますが、母が私の言う通りにして呉《く》れなければ私は怒《おこ》ったり泣いたりし、叔父に会えば吃音《きつおん》して話さえ出来ません。近所の人の言うことも気にかかる、学問したい、出世したい、人に可愛がられ度《た》い、いつも頭の中はぼーッとしています。そして毎日悩み続けています。

先生、是非《ぜひ》私を迷《まよい》の夢からさまさして下さい。私は一時も早く明朗な世界に出たい為、頭に鉢巻をしてようやくこれだけ書き上げました。長い病床生活のため手がふるえて甚《はなは》だ乱筆になりまして寔《まこと》に恐縮でございます。御判読下さい。これを書きまして早《は》や光明をさし与えられたような気がしています。

答――――――

あなたの返事としてはどう処置すべきかのみを御答《お》え申上《もうしあ》げたら好いのでございますが、斯《こ》うした青年を遂に作り上げるに至った在来の教育の欠陥を指摘し、これを是正《ぜせい》して置きますことは今後あなたのような青年を再び作らなくなるための前車《ぜんしゃ》の覆轍《ふくてつ》にもなろうかと存じますので、その点も申上《もうしあ》げて置きたいと存じます。

あなたの叔父は、あなたを愛していたのです。あなたはそれを知って、今まで叔父を憎《にく》んでいる心をお捨てにならなければなりません。「叔父が厳重であったから、貴方《あなた》は自分が斯《こ》うなったと思って叔父を憎んでいられますが、最初母に伴《つ》れられて叔父のところへ往《い》ったとき楽しかったのは、叔父があなたを愛していたからなのであります。叔父は善人であり貴方を愛していた。そして、その後、あなたは知らなかったが或《あ》る宗教を信じて、食前に合掌するようにもなったのであります。叔父はあなたに食前の合掌感謝を教えようと思って、それを強制しようとしたらしいですが、あなたは頑固《がんこ》で、甘んじて叔父の教《おしえ》に従うことが出来なかったのです。叔父は一寸《ちょっと》腹立てた顔をしたのでしょう。それは貴方を愛していたからです。愛していたからこそ、執 著《しゅうじゃく》がからまったからこそ、そうしたのであります。そうすると、貴方は叔父を敬遠するようになりました。そして、叔父を敬遠する貴方を、叔父は「変な遊《あそび》でもするのではないか」と心配し始めたのであります。それで叔父は、世間普通の教育者や父兄《ふけい》にあり勝《が》ちな、説教する方法で、「その変人」を直したいために、「その変人を治さないうちは、お前の様な人間は世渡《よわたり》が出来ないぜ」と言うようになったのであります。それは生長の家の新しい教育法から見ますと、叔父の教育法は、間違っていたのであります。生長の家の教育法が出現するまでは、併《しか》し、それは誰《たれ》でも間違っているのが普通でありまして、父兄はすべて、子供を愛すれば愛するほど、その欠点を見着《みつ》けて、それを説教することが唯一の児童の善導法だと思っていたのです。ですから、そう云《い》う時と場所とに生《うま》れ養われていたあなたは叔父を恨《うら》んだり、憎んだりしてはならないのであります。愛するもののためには、そして愛してくれる者のためには命をさえ捨てるのこそ真実であります。結果が良かったから叔父に感謝する、結果が悪かったから感謝出来ないと云うのであっては、それは単なる利己主義であり、功利主義であって、民主主義と云う訳には行きません。叔父の教育法は間違っていた――その結果は悪かった、しかしそれは愛のためであった、その故《ゆえ》にこそ、あなたは叔父に感謝しなければなりません。凡《およ》そ害を与えた下手人《げしゅにん》に対して感謝したとき、その人から与えられた創痕《きずあと》は最も鮮《あざや》かに消えて了《しま》うものなのです。ある婦人が色情の問題から逆恨《さかうらみ》を受けていましたが、その相手の男はその婦人の顔面に工業用硫酸をあびせかけました。その時「ああ私が悪かったのだ。私がわるいために、あの人に斯《こ》うした罪を犯《おか》させた。まことに申訳《もうしわけ》のないことだ」と思って少しも恨《うら》まないで、これで私の業《ごう》が消えるのだと感謝しながら洗面所でただ水でその顔面を洗っただけでしたが、普通ならば顔のような皮膚の薄いところが硫酸に直接触れると実に醜《みにく》いヒキツリの傷痕《きずあと》を残すのでありますが、不思議なことに何らその皮膚に斑《はん》痕《こん》を残すことなく、その軟かい皮膚の美《び》が恢復《かいふく》いたしました。それと同じように、貴方《あなた》は叔父《おじ》が教育法を誤ったにしても、そう云《い》う教育法しか発見されていなかった場所に時代に生《うま》れて来たことは自分の業《ごう》であり、その業の消える働《はたらき》として説教されたのであり、叔父は「愛」のゆえに説教する権威を有《も》っていたのは当然であり、(愛には権威を伴《ともな》う)「愛」は結果不結果によらず、それ自身最高価値であることを知ったならば、あなたは、叔父の「愛」ゆえに、心の中《うち》で叔父を宥《ゆる》して、叔父の名前を唱えて「叔父さん、僕はあなたを赦《ゆる》しました。私は叔父さんがそんなに私を愛してくれていたのに、それなのに逆恨《さかうらみ》を致しまして申訳《もうしわけ》ありません。叔父さん宥《ゆる》して下さい。もう叔父さんと私は仲よしです」と二十遍ずつ眠りしなに口の中で呟《つぶや》くように低声《こごえ》で繰返して眠るようになさいませ。父に対する恐怖は叔父と父とが同様に男性の目上《めうえ》であることで、父を叔父に置きかえて敬遠するようになさったのでもあり、「叔父さんの言うことをよくききなさいよ」などと父が時々言ったために、叔父と父とを一緒に敬遠するようになったのだと思われます。従って父に対する嫌悪《けんお》や恐怖なども、叔父をあなたの心のうちで赦《ゆる》してしまえば、それで消えてしまう筈《はず》です。

叔父に対する反抗心は、目上のものに対する全的な反抗心となって変形してあなたに現れたように思われます。「数学が一番出来ない」と教師から言われれば、数学を一番上手にやって眼にものを見せてやろうと云うような偏執的努力等も、其《そ》の現れだと見ることが出来ると思います。そのような偏執的努力によって数学を一番まで漕《こ》ぎつけたのは、あなたは決して低能児ではない証拠です。「君は数学がこの位出来るのだから、他の学科だって勉強すれば出来るのだから、しっかりやりたまえ」と言ってくれた学校教師の賞《ほ》めかた、勉強奨励のやり方は、まことに生長の家式の賞《ほ》め方であって悪くはなかったのです。ところが、その賞め方をさえ貴方は素直に受けることが出来なかった。「博学の低能」だなどと、すべての学科が一様に出来る生徒を嘲笑《ちょうしょう》して、先生の言うことを其の儘《まま》素直に受け容《い》れることが出来ませんでした。それは何故《なぜ》か、すべて、説教する者、教える者、目上に立つ男性は、あなたの憎悪する「叔父《おじ》」の一種の代表者として貴方《あなた》の前に立っているのでした。だからどんな深切《しんせつ》が相手から出て来ても、それを素直に受け容《い》れる事が出来なかったのです。従って万事《ばんじ》の解決法は、叔父を心の中《うち》で赦《ゆる》すこと、調和すること、更に進んでは心の中《うち》で叔父に詫び感謝することであります。女性をも嫌うと云うことが、「女中でも嫌えば出て行くまで憎み切る」とありますが、それは屹度《きっと》、叔父か父かが特にその女中を介して命令を伝えたことがあったか何かだと思います。

兎《と》も角《かく》そうした、あなたの「愛」に対する叛逆《はんぎゃく》の心――愛に報《むく》いるに憎みを以《もっ》てした心は血(天地の恵《めぐみ》)を吐《は》き出す心ですから、胃潰瘍《いかいよう》を起《おこ》して吐血《とけつ》したのも無理はありません。胃潰瘍の結果貴方は入院なさいました。そこで「過去の貴方」を知らぬ全然新しい環境に貴方は取巻《とりま》かれたのでした。「無口であった貴方が、何でもベラベラ喋《しゃべ》るようになり、神経質は吹飛《ふきと》ばされ」そうして病気は快方に向かって其《そ》の病院から退院なさったのでした。併《しか》しながら、退院する事によって貴方は全然また、もとの環境にもどりました。「過去の貴方」を知っている環境に取巻かれました。上級学校へ行けなかった不満足もあります。但《ただ》し上級学校へ行くためには、貴方の所謂《いわゆる》「博学の低能」が必要であり、相当あらゆる学科が揃《そろ》うて点数がとれなければならないのをあなたは考えねばなりません。全体の学科が一様に上達することを拒《こば》んだのは貴方でした。従って上級学校へ行くことを拒んだのは貴方自身なのです。父はただあなたの心の反映として上級学校へ入れることは断念するほか致し方がなかったのです。この点に於《お》いてあなたが父を恨《うら》んでいらっしゃるのでしたら、その恨《うらみ》を解《と》きなさい。恨は相手を縛るよりも先に、自分自身の心を縛って動けなくするものなのです。かくの如くして、凡《すべ》ての人に対する恨《うらみ》を解けば、大体貴方のヒステリー的な症状は消える筈《はず》ですが、まだそれでも治らないようでしたら、環境が同一であるから、他の人が「過去の自分」を知っていると云うことが恐怖なのです。お母さんに頼んで、もう一度入院して、看護婦にベラベラ自由に喋《しゃべ》った、その気軽な自分をもう一度経験し、症状が軽快したとき、今度は退院しても郷里へ帰らずに、上京するなり、工業都市へ出るなりして、貴方の過去を知らぬ人々の世界へ行って快活に朗《ほがら》かに職業に従事なさればよいのであります。

（新装新版『真理』第6巻165～176頁）

細菌恐怖症の奥様の話

きのうもある男の方《かた》が、この道場のその辺に坐《すわ》っておられまして、その方の奥さんが細菌恐怖症にかかっているという話をされました。その奥さんは、最初何かの機会にどこかで御馳走《ごちそう》をよばれられた。ところが本当はそれが原因であったかどうかわからないけれども、その人は、それに細菌がついておったのが原因であると信じているのですが、ともかくもチフスになってある病院に入院して一ヵ月ほどで治《なお》ったのでありますけれども、それ以来、細菌恐怖症にかかったのです。そうしてもうあらゆるものに付着《ふちゃく》している細菌が恐ろしいというふうになり、御主人が帰ってくると、みんな着物を脱《ぬ》がせてそうして日光消毒だといって、一日ぐらい太陽光線の中にぶら下げておかなくちゃ気がすまない。あらゆるものをアルコールで消毒する。たまたまその御主人が、この春百日咳《ひゃくにちぜき》の子供があそこで出たという家へ訪問して行って、その家の帽子架《かけ》へ帽子を掛《か》けた。それが奥様に知れるとさあ大変、「その帽子には黴菌《ばいきん》がついておるから自家《うち》の帽子架に掛けることはならない」というふうな、とても病的な黴菌恐怖症なのであります。その話をなさいまして御主人が、「そういう恐怖症を治す道はありませんか」とわたしにお尋《たず》ねになったのであります。それでわたしがその御主人にお尋ねしたのであります、「ところで、その奥さんは黴菌恐怖症というものから逃《のが》れたい、こんな苦しい強迫観念はないから、と思っておられますか?」こうお尋ねしたのです。すると、その御主人の言われるには、「家内《かない》は自分のその強迫観念を逃れたいとは思っていないらしいのです。すべての物をアルコールで消毒し、終日すべての夜具《やぐ》を日光で消毒していることが、これが最上の衛生の道であるとこう信じている。それで『そういうことをしなくてもよい』と言ったり『そんなことをしなくともよいということがこの本に書いてあるから読みなさい』と言おうものなら自分のすることは一番よいのだ、自分はあらゆる医学書を読んだから、そんな本に書いてあることはみんなもう知っている、医学上こうすることが一番安全な方法であってこれに越した方法はないのだ、これに反対観念を持たせるものは危険だから読みたくない、教えられたくないというふうな気持を持っているから、周囲の人が何《なん》と言っても諾《き》かないのです」とその御主人は当惑したような表情をせられたのであります。細菌恐怖症はまちがいであるから逃れたい、自分の実相はこんな弱いものでないというのなら、これは自尊であるから、そういう強迫観念から醒《さ》ましやすいのであります。しかるにこの細菌恐怖症が一等よいのだと思っている、これが偽我慢心《ぎがまんしん》であります。これは、今の不完全な状態をかえってよいものだと慢心しているのですから、それ以上にいくら立派な真理があっても注《つ》ぎ込《こ》むわけにゆかないのであります。そういう人の家は、奥様がそういう塩梅《あんばい》ですから、地獄であるけれども、天国がその家へ入って行くわけにゆかないのであります。だから、心の驕《たかぶ》るものには天国がその人のものとならない。ところが、もしこの奥さんが謙虚な謙《へりくだ》った心になって、たとい今病気であっても、この苦しい状態は神が造ったのではない、自分が迷って申し訳がない、何か救いの道が余所《よそ》にあるのではなかろうかというような、何でも受け容《い》れる素直な気持になって、自分の現在が一番いいというような高慢な気持を捨ててしまって、自分はまだ足らない、足らないから、どんな教えでも受け入れようというふうな謙《へりくだ》った気になっておられたならば、『生命《せいめい》の實相《じっそう》』も喜んでお読みになるでありましょうし、天国はさっそくとその人の家へ入って行くのであります。どうもこの高慢というやつは、今《いま》現在自分の持っているものが一番いいのだと、他《ひと》からの救いを堰《せ》きとめてしまうので救われ難《がた》いのであります。それですから「幸福《さいわい》なるかな、心の貧しきもの。天国はその人のものなり」とこう書かれてあるわけであります。

（頭註版『生命の實相』第30巻144〜146頁）

赤面恐怖症癖が治った話

田中――私《わたくし》は自分の子供の体験談をさしていただきたいと思います。私の娘でございまして、学校にまいりますと私の生徒でございます。そういう関係にあります私の二番目の娘が私に『生命の實相』を読ますような機会をつくってくれたのでございます。その娘がちょうど女学部の四年生の二学期の時に、「お母さん、私は罪人《つみびと》なんでしょうか。そうじゃないのでしょうか」という疑問を起こしましたので、私が大変考えておりました時に、都合よく『生命の實相』を読ましていただきまして、それからその子供は、『生命の實相』を読みましたのでございます。ところが、今まで『生命の實相』を読みません間は、自分が罪人だと言うのは嫌いだし、学校へ行って説教を聴くと、先生が、「お前は罪人だ」とおっしゃって、大変困っておったのでございます。けれども『生命の實相』を読んで、「罪人じゃない、神の子だ」という堅い信念ができました時にどういう変化がまいりましたかと申しますと、一年、二年、三年まではまあ首席で通さしていただいたのでございます。ところが三年がすみました時に、私に「お母さん、私はもう学校で頑張って勉強しないつまりです」と言うので、「どういうわけですか?」と申しますと、「今度一番になりますと卒業式に答辞を読まなければならぬ。」そのことが、四年の二学期ごろから気にかかったらしゅうございます。一番になると答辞を読まなくてはならぬ、二番になると総代で免状を貰《もら》いに行かなければならない。ところが私の子供はたいへん私に似ませず、赤い顔をして人の前で何にもよう言えない性質で、顔がたいへん茹蛸《ゆでだこ》のようになりまして、ブルブル慄《ふる》えるのでございました。同志社は大学から女学校まで七通りほど卒業証書を貰《もら》いにまいります。大学生でもたくさんのお客さんの前なので、ブルブル慄《ふる》えておるのがございます。それを毎度見ています。それが堪《た》えられないとみえまして、四年卒業するころに「三番か四番に下がりますからようございますか、了解しておいて下さい」と言います。私はその時『生命《せいめい》の實相《じっそう》』を読んでおりませんでしたが、一番になるということが決して幸福でもないと思っておりましたし、それで「あんた一番になるのがいやだったらあんたのいいようにしておきなさい」と申しておきました。しばらくしますと、四年生がすみました時に案の定《じょう》三番まで下がりました。私は「あんたは言うたとおりになりましたね」と申しておったのでございます。ところがちょうどその春ごろから読みました『生命の實相』が働きかけまして「お母さん私は今度卒業の時は一番になります」と言いました。五年になった時「それはまたどういうわけですか?」と申しますと、「いや、どんな人の前に行っても顔が赤くならぬような気がします。何百人いらしても、何千人のお客さんがいらしてもどうやら読めるような気がしますから、私はやはり頑張って一番になります。」「それじゃ、どうぞ神の子にあるだけの力を出すのが神の子ですから出してごらんなさい」と申しましたところが、今年の三月卒業さしていただきました時、たいへん良い成績で首席で出さしていただきました。そうしてそれを私の方がちょっとまだ信仰が足りませんでしたか、皆さんの前で読む時に慄《ふる》えるんじゃないかと思って、実は二階の一番奥の一番遠いところから少しこう身を屈《かが》めるようにしてきいておったのでございます。というのは、高女部が一番先に読まされますので、巧《うま》いぐあいにやってくれればいいと思って冷《ひや》汗《あせ》をかいておったのでございます。学校で知っておりますものですから、後《うしろ》の皆さんが私の方ばかり見られるのでございます。「お母さん、どんな顔しているか」と思って。私は大分《だいぶ》心が鳴りますけれども、まあ一所懸命《いっしょけんめい》「神さんがよいぐあいにして下さる」と念じておりましたところが、とても立派な読み方をして、柳島さんの奥さんが卒業式にいらしていましたが、どの部を代表したものよりも一番落ちついて、一番上がらずに慄えずに読んだとおっしゃって褒《ほ》めていただきました。その子供は、たいへん気性の勝《か》った子供でございまして、私は高慢にならなければよいがと、心配をかつて持っておったのでございますけれども、そんなにまでして卒業さしていただきましたのに、非常に高慢な気持がなくなりまして、今、私の家でせっせと私の留守を一人でやってくれております。私は、これは神の子の本当の自覚ができたお蔭《かげ》だと思って喜んでおります。同時に、女学校三年四年になれば確かにそういう問題を子供たちは深く考えておるのでございますから、どうか私たちは学校でも家庭でもずんずん読ますことを将来いたしたいと思っております。

（頭註版『生命の實相』第30巻122〜125頁）

心配症は取り越し苦労からくる

吾々《われわれ》の身体《からだ》の腎臓《じんぞう》のところに副腎《ふくじん》と云《い》う機械があり、そこからアドリナリンと云う薬を出して、それを身体全体に血と一緒に循《めぐ》らせるようになっています。このアドリナリンと云う薬は常には身体に必要なだけ循《めぐ》っているのですが、腹を立てると、その出る分量が多くなるので身体に毒が循《まわ》るのです。身体に毒が循《まわ》れば早く死ぬか病気になるかいたします。この副腎と云うところで拵《こしら》えるアドリナリンと云う薬を注射すると、喘息《ぜんそく》などでヒーヒー云って苦しんでいるのが暫《しばら》くは納《おさ》まる位に効《き》くので、喘息などの病気は、吾々の身体の中のアドリナリンを製造する部分を無茶に使ったので故障が起《おこ》っているのだと云うことが判《わか》ります。アドリナリンは恐れたり腹を立てた時に副腎から沢山《たくさん》出来るものですから、それから考えて見ると、喘息になる人は恐れたり、常に腹立てたりして副腎を無茶に使った証拠です。何故《なぜ》、腹が立った時にアドリナリンを余計製造するかと云うと、アドリナリ

ンが余計混《ま》じった血が胃袋へ廻って行くと、胃袋が働かなくなり、胃袋の収縮力がなくなり、胃袋で働くだけの血が、方向を変えて拳固《げんこ》や、腕や、敵と戦うための筋肉や、皮膚などの方へまわって行きます。アドリナリンを分量多く注射すると、筋肉は引《ひき》しまり、身体がぶるぶる慄《ふる》え、髪の毛は逆立《さかだ》ち、腹立つときと同じような調子になります。風邪《かぜ》引きなんかもこれに似た状態が起りますが、矢張り腹を立てたり恐れたりする時に起り易いのです。恐れると云うのも、敵というものに対する気持ですから同じことです。常に安心が出来ず、どこかに敵があるように思い、常に恐れ、常に腹立っているような気分では、アドリナリンの製造場所の副腎が無茶に使われるからアドリナリンを過度に分泌したり、その反動で分泌が止まったりします。アドリナリンの分泌が多すぎると胃袋がだらりとなるので胃下垂《いかすい》を起す。胃が悪くて治《なお》らないなどという人はこんな人です。心が平和になれば胃は直《す》ぐに治るのです。又、アドリナリンは皮膚を鳥肌のように引きちぢめる作用《はたらき》があり、吾々をぶるぶる慄《ふる》えさせますから、風邪引きで慄《ふる》えると云うことにもなります。その反動でアドリナリンの分泌が少《すく》なくなると喘息を起します。喘息が風邪引きの後に起ったり、常に恐怖心とか怒りの心とかを持つ者に起るのも此《こ》の理由であります。不眠症や神経痛も、心配、恐怖、取越苦労《とりこしくろう》から起る。病気の名前は沢山ありますけれども、みんな心が因《もと》になって身体の血の循《めぐ》りが無茶になった結果であります。

◇

そこで病気を治《なお》すには、心を平和に穏《おだ》やかにし、心配や、取越《とりこし》苦労や、腹立ちを止《や》めねばなりません。「ああこの病気治りたい。どうしたら治るだろう」と心配を続けている限りに於《おい》て恐怖心がなくならないから治りにくいのです。病気を恐れないためには、「死んでも好《よ》い」と本当に覚悟してしまえば好いのですけれども、大抵は此の覚悟が出来ないのです。「もう死んでも好い」と本当に覚悟して、病気を恐れなくなったとき病気の治った人は沢山《たくさん》あります。「どうせ自分は死ぬのである」と、観念の眼《まなこ》をつぶって心が平和になってしまいますと、恐怖心が薄らいで、却《かえ》って病気が治るというような実例もあります。もう死ぬとか生きるとか考えないで、すっかり「神様の御心《みこころ》にお委《まか》せ致します」と、大きな気持になったら、そこに神様の力が流れ入って来て治る事にもなるのであります。

（新装新版『真理』第1巻71〜73頁）

神経症は誤った心の潔癖から起こる

神は聖《とうと》く高く神聖なものである。その聖《とうと》く高きものを人間界に表現するように導くのが教育なのであります。だから神を人間に見出《みいだ》すように導かねばならないのです。人間の働きの中に神があることを知らねばならないのです。神は特異なものではない。人間を離れて、どこかに神があるのではない。われわれが深切《しんせつ》をする行ないの中に、あたりまえのことがあたりまえにできる愛のハタラキの中に、すべての物事がありがたいと感じられる感謝の中に、そこに神が現われているのです。ところが、神をあまりに天上界《てんじょうかい》に引き上げてしまって、人間にはあたりまえではとても近づくことができない、神に近づくには人間的な生活はいけない、こういうような、神を尊ぶあまり神を人間と引き離すような教育のしかたをいたしますと、その児童が青年期になってから神経病を惹《ひ》き起こすことが往々あるものであります。青年期の神経病の約二十パーセントくらいは、人間が神に近づくために特殊の苦痛によって自己を浄《きよ》めたいという欲望から起こっていると言ってもよいのであります。これは神というものは人間的なものではなくて、人間界と聖別《せいべつ》されて、特別に浄《きよ》まらなければ近づくことができないという偏見から来るのであります。近視眼《きんしがん》の一部はこの観念から起こることがあります。直接、異性などの誘惑物を見てはならないから、ガラスを隔《へだ》てて見ようという観念が具象化するのであります。また人間嫌悪《けんお》というような憂鬱《ゆううつ》症《しょう》ともなって、一室に閉じ籠《こも》ることを好むようになります。さらにそれが高じてきますと、時とすると公衆恐怖症というような強迫観念症状を惹起《じゃっき》して人前に出ることが全然恥《は》ずかしくなり、いつも自分の家にのみ閉じ籠《こも》っていなければならなくなり、そのために就職することもできず、一生を棒に振って生活しなければならなくなることもあります。

◇

ですから、神の尊ぶべきことを教えるのは結構でありますが、神人《しんじん》を相懸隔《あいけんかく》せしめるように教えるのは人間を変態心理に陥《おとしい》れてしまうことになるのであります。神は自分のうちに、あたりまえの生活のうちに、あたりまえの人間のことがあたりまえにできることのうちにあるということを教えなければならない。夫婦相和《あいわ》し、異性相牽《あいひ》くのはあたりまえの人間の生活であります。それを何か汚《けが》れたように思い、異性を見る場合に何ものかを隔《へだ》てて見なければあたりまえに見られないのは、純潔な心でありますが、それは人間性から聖《せい》別《べつ》されたい潔癖症《けっぺきしょう》に陥《おちい》ったので、こういう人が結婚すると往々にしてその結婚生活が永続しないこともあります。転々として良人《おっと》をかえ、妻をかえている生活を外から見ますと、淫蕩《いんとう》な性質にも思われるのでありますけれども、実はかえって彼が聖別《せいべつ》せられた生活を送りたい内的要求からじっといつまでも夫婦生活を持続できないことにもよるのであります。ドン・ファンは決して本来遊蕩児《ゆうとうじ》ではない。彼が一人の妻に満足できなかったのは、一人の女性を愛することに心の本当の安住《あんじゅう》ができなかったからである。男女というものが本来ここに地上に生みつけられているかぎりは異性があって互いに牽引《けんいん》することは少しも悪いことではないのでありますけれども、それがあまりに清浄《しょうじょう》に教えられて浄《きよ》らかすぎて、異性と生活することが罪悪だと思うがために、一人の女性と常に生活することに落ち着けなくてその女とは別れるが、別れていれば、本能的にまた淋《さび》しくなって次の女へと転々と移って行くのがこのドン・ファン型なのです。日本でも仏教の盛んな当時は、高野《こうや》山《さん》は女人《にょにん》禁制であるといって、女人を高野の僧侶は近づかせることができなかった。敬虔《けいけん》なる聖フランシスは、女に対して教話する時には、女の顔を見ないようにしてうつむいて話をしたということが、聖フランシスの伝記にあります。彼の、女を見ることは心が穢《けが》れることであるという気持は、たといそれが純潔な気持でありましても迷いが入っているのです。今までの宗教はおおむね女性を軽蔑《けいべつ》しました。「生長の家」は女性を軽蔑いたしません。女性も人間であり神の子でありますから、女性の顔を見ても汚《けが》れるということはありません。仏教では『法華経《ほけきょう》』以前には女人成仏《にょにんじょうぶつ》は不可能だと言われ、キリストは「女を見て色情を起こす者は姦淫《かんいん》せるなり」と言われている。こういうようなことによって宗教は知らず識《し》らず女性を軽蔑するようになったのであります。「女を見て色情を起こす者は姦淫《かんいん》せるなり」というのは、女性が悪いのではない。かえって男性が悪いのであります。女性を見ても、別に色情さえ起こさなければ、女を見てもいっこうさしつかえないのであります。女を見ることは罪悪である。異性を見ることは罪悪である。こういう感じが原因となって近眼になっている青年が多いということは前に述べたとおりであります。皆さんは近眼などというものを治《なお》りにくいと思っていられるかもしれませんが、近眼は、眼球の度が少し変化すれば治るのでありますから、そんなことくらいが、心の変化で治るなどということはなんでもないことであります。もっともっと重大な病気が誤った心の潔《けっ》癖《ぺき》から起こり、生長の家でその潔癖がとれるとともに治っているのであります。

（頭註版『生命の實相』第40巻18〜21頁）

笑いで憂鬱症を払いのける

カリフォルニヤに一人の婦人があった、とマーデンも書いている――悲惨な運命に打ちくだかれてそれ以来憂鬱症《ゆううつしょう》にかかった。夜は眠れない、食べものは味がなくて食べれば胸につかえる……等々《とうとう》の症状を呈《てい》した。そこで彼女はこの憂鬱を払いのけんがために一大決心をして実行にとりかかった。彼女は一日少《すく》なくとも三回、どんなことがあっても必ず心から声を出して笑うということに極《き》めたのである。それで人と話しているときなど、ちょっとした機会があっても必ず心から笑うようにし、自分の部屋にいるときには鏡を見て笑うようにしたところが、まもなく健康が見ちがえるように良くなり、性格も一変《いっぺん》して明るくなった。こうして主婦が快活になると共に、その家庭は明るい愉快《ゆかい》な幸福な家庭になってしまった。家庭の明るいと暗いとは主婦の笑いの分量によることが多いのである。

笑いはただその人自身を健康に愉快にするばかりではない。快活な人は周囲に幸福と健康とを播《ま》いて歩く。明るい朗《ほが》らかな深切《しんせつ》な笑顔を向けられては何人《なんぴと》も幸福にならずにはいられない。そういう人が医者であれば、患者は医者の顔を見るだけでよくなったりするものである。

笑いの医療的価値はやがて一般にみとめられて来るであろう。もしこのことが一般にみとめられ一般に利用されるようになるならば、病気の大半は医者も薬もなしに吹っ飛ばされてしまうに相違ないのである。自分が中学の学生時代に校医をしていた別所彰善《しょうぜん》氏は、本職の医者をやめて笑いの医療的価値を宣伝して多くの治験例を発表している。会費が高いのが玉に瑕《きず》だが、しかしいくら高くても朗《ほが》らかな笑いの神薬《しんやく》は、医者の選んだ不確《ふたしか》な薬よりも効《き》き目はたしかだ。実際高らかな朗らかな笑いは、自然が与えた最良の強壮剤である。哄笑《こうしょう》を爆発さすとき、憂鬱《ゆううつ》な心で抑《おさ》えつけられていた生理作用はたちまち活発に活動をはじめる。血液の循環は順調になり、白血球の喰菌《しょっきん》作用は増加し、自然療能は盛んになる。だから、「生長の家」の生き方をする家には、病気の悪魔は這入《はい》れない。最近生長の家の誌友某《ぼう》氏は、医家が不治《ふち》と宣告した老婦人の子宮筋腫《きんしゅ》を笑いの修行で治《なお》された。

諸君がもし或《あ》る会社につとめていて、事務所の単調な砂漠のような仕事の連続に飽《あ》きて来た時、もし、その仕事と仕事とのつながりに、ちょっとした洒落《しゃれ》、ジョーク、諧謔《かいぎゃく》などに触発《しょくはつ》されて哄笑《こうしょう》が飛び散るならば、諸君は砂漠でオアシスを見出《みいだ》したように蘇生《よみがえ》って再び元気よく仕事に掛《かか》れるであろう。聡明《そうめい》な上役《うわやく》は、仕事の合間に下役《したやく》の気を引立《ひきた》てるような罪のない諧謔《かいぎゃく》を飛ばす。能率を望む実際家もまた笑いの効果を知らねばならない。上手な教育家は生徒を時々ユーモラスな話で笑わせながら授業を進めて行く、それで生徒に喜ばれて却《かえ》って成績が好いのである。これらは皆、「生長の家」の生き方であるのだ。

（新編『生命の實相』第12巻34～36頁）

ストレスをなくす良薬は感謝の心

多くの病気が、心の過度《かど》緊張によって起《おこ》ると云《い》うことは最近の「精神身体《しんたい》医学」が解剖《かいぼう》学的にも実証したところである。ところで人間が「健康」を求めるのは、「み心の既《すで》に天に成る世界」（実相）に於いて既に「健康」であり、その健康である実相を地にも（現象的にも）投影したいと云う内部要求があるからである。では既に健康である人間が何故《なぜ》不健康に現象界にあらわれるかと云うと、その理由の一つは、「心の過度緊張」と「心が暗いことを考える」の二つの原因に帰することができるのである。「心」は「実相」の完全さを現象界に映写し出す場合のレンズのような役目をするのであるから、心の過度緊張は、心のレンズが攣縮《れんしゅく》して歪《ひず》みを生ずるのである。それが病気のもととなる。「暗いことを考える」と心のレンズを曇《くも》らすことにもなるし、不安や恐怖で更に心にストレスを起すから病気が其処《そこ》から発《おこ》って来る。

◇

若《も》し貴方《あなた》が現象世界に於《お》いて常に健康であり、幸福であろうと思うならば、心のレンズを曇らせないように常に明るいこと、喜ばしきことのみを思うように心懸《が》けなければならない。人の悪を見ぬこと、見ても善意に解すること、そして宥《ゆる》すこと、取越《とりこし》苦労や、持越《もちこし》苦労をせぬこと、現在を感謝すること、すべての人間が善き人であり、自分に好意をもっている人だ、と信ずるようにつとめること、一切の事物のただ光明面《こうみょうめん》のみを見つめて、暗黒面を見ないこと、事物を破壊的に考えないで建設的のみに考えること、どんな事が起って来ても、それは自分の魂を高める為の最良の機会であるとして感謝すること。これらの精神上の注意を、最低十日間先《ま》ず第一期として実行するように努めてみたまえ。あらゆる方面に「明るい出来事」がやって来て健康も著《いちじる》しく恢復《かいふく》するに至るのである。感謝の念は心を最も平和にしてストレスを取除く最良の精神的良薬《りょうやく》であるのである。

◇

精神的緊張が病気の因《もと》であるならば、その精神的緊張を解く方法を講ずる必要がある。それには心につかんでいるものを悉《ことごと》く放《はな》たなければならない。放つと云うのには肉体の方面からと心の方面からと二つの方法がある。肉体方面のやり方は、仰臥《ぎょうが》して片手を少し挙《あ》げてそれを全然力を抜いて褥《しとね》の上に落《おと》す。死んだ者が倒れるように何らの力も、反抗も、支えもない気持で落して、褥《しとね》の上にまかせきった全托《ぜんたく》の気持を起《おこ》すのがコツである。

次にはもう一方の手、次には片足、次には布団の上にふうわりとまかせ切った気持になる練習をするのである。その時、布団を布団と思わず、「神の愛の御手《みて》」又は「仏の慈悲の御手《みて》」と思って、その中に融《と》け込んで、ただ「有難うございます」と念ずるのである。かくして身心《しんしん》ともに緊張を解くならば速《すみや》かに病が癒《い》えるのである。お産に無痛分娩を得ようと思うならば平常、家庭生活を調和してストレスを無くし、心に不平、不満、傷心などを無くして置いて、出産一、二ヵ月前から右のような全身の力を抜く練習をして置いて、出産がもよおして来たとき、その通り体の力を抜いて神にまかせ切りになるがよいのである。

◇

大体「肉体」と「心」とを別物だと考えるのが間違なのである。肉体全体が「心」が具象化した結晶体であるのである。単に大脳に於いて働いた精神感動が間脳→脳下垂体→副腎とホルモンに影響を与えるだけでなく、全身の細胞は生きており、一種の霊的触角をそなえていて精神感動を直接キャッチして、それに共鳴して、不健全にも、健全にも、どちらにも働く。一瞬間と雖《いえど》も、私たち自身の精神の影響を受けない「細胞」は全身の何処《どこ》にも存在しないのである。だから骨《こつ》カリエスの場合の如《ごと》き、薬剤が流れ入る血管のない骨の中にまでも、その人の精神的影響は達《とど》いて行き、医界難治《なんち》のカリエスまでも治《ち》することになるのである。私たちの全身の細胞だけではなく、宇宙の何処《どこ》にある物質の一点すら「心」によって影響を受けないものはない。何故《なぜ》なら物質の本源単位なる水素原子は宇宙心の具象化によって真空中に作られたものであり、それは宇宙に普遍して何処にも満ちているからである。

（新装新版『真理』第10巻147～153頁）